NOTICE

SUR

FRANÇOIS PRUDHOMME

ÉLÈVE DU

Pensionnat des Petits Frères de Marie

A LA COTE SAINT-ANDRÉ

Dieu a enlevé le juste, de peur
que son esprit ne fut corrompu
par la malice.

(Sap. 4, 11).

LYON

J. ROSSIER, SUCCESSEUR D'A. PERISSE,

Rue Mercière, 47.

1871

NOTICE

SUR

FRANÇOIS PRUDHOMME

DÉDIÉE A SES ANCIENS CONDISCIPLES

Conservez dans votre cœur le souvenir de votre ami, et soyez lui toujours semblables.

NOTICE

SUR

FRANÇOIS PRUDHOMME

ÉLÈVE DU

Pensionnat des Petits Frères de Marie

A LA COTE SAINT-ANDRÉ

Dieu a enlevé le juste, de peur
que son esprit ne fut corrompu
par la malice.

(Sap. 4, 11).

LYON

J. ROSSIER, SUCCESSEUR D'A. PERISSE,

Rue Mercière, 47.

1871

Combien de vies édifiantes se seraient perpétuées parmi la jeunesse chrétienne, si quelque main amie s'était fait un devoir d'en recueillir les traits dignes d'être imités, et de les publier !

Un devoir, dis-je, et un mérite aussi, car les vertus, science sublime des âmes d'élite, ont leurs principes gravés dans tous les cœurs chrétiens, et bien souvent la lecture du moindre opuscule suffit pour apprendre à régler chaque action d'après ces principes.

Et puis, si les grandes vertus ont trouvé leurs grands panégyristes, pourquoi les plus humbles vertus n'auraient-elles pas le privilége de trouver, elles aussi, une plume modeste qui les fasse aimer en les racontant?

Laisser dans l'oubli l'histoire d'une âme vertueuse, c'est faire tort à la jeunesse, surtout lorsque cette vie est celle d'un adolescent qui a vécu en bon et parfait chrétien, et dont les actions ne présentent rien de si extraordinaire qui ne puisse être imité.

Hélas! si chaque génération avait profité des leçons de la précédente, la nôtre serait aujourd'hui bien près de la perfection, et les bons exemples ne lui seraient pas si nécessaires ?

L'alliance des devoirs religieux et civils est une chose si rare de nos jours ! Les mauvais principes que certains génies du mal s'efforcent d'inculquer à la jeunesse, et les satisfactions matérielles dont ils l'enivrent, n'ont déjà que trop fait de pauvres victimes !

Je viens, jeunes gens, établir un petit contrepoids à l'influence pernicieuse de ces suppôts de l'enfer, en offrant à votre imitation un vrai type d'enfant vertueux.

Les victoires que ce nouveau Décalogne a remportées sur lui-même lui ont mérité, pour le temps, l'estime et le regret de tous, pour l'éternité, une couronne de gloire.

Ma notice est l'histoire d'une petite fleur cueillie au premier jour de sa vie,

et enlevée trop tôt à une affection mé-
ritée.

Je souhaite, de tout mon cœur, que
la lecture de ce modeste opuscule puisse
profiter à ceux dont mon vertueux élève
a été l'ami et le condisciple, à ceux aussi
qui recevront comme lui le bienfait d'une
éducation toute chrétienne.

François Prudhomme, né à la Côte St-André, le 21 avril 1854, appartenait, par son père et par sa mère, à deux familles aisées des plus honorables du pays.

Avec un caractère franc, loyal et droit, il avait un cœur riche en vertus, et un esprit des plus sérieux. Jamais il n'eut du goût pour la lecture des livres futiles ; seuls l'utile et le solide l'occupèrent.

Orphelin de bonne heure, François eut toujours pour son tuteur l'affection et la soumission du meilleur des fils ; mais les devoirs qu'il remplissait si bien envers celui qui lui tenait lieu de père ne lui firent jamais oublier la mémoire des auteurs de ses jours ; il regardait comme une de ses principales obligations, celle de prier et de faire prier pour eux.

Placé dans notre Pensionnat dès l'âge de 6 ans, il devait y faire plus tard sa première communion et attirer la protection divine sur toutes nos classes, qu'il a suivies pendant 9 années. Il fut pendant tout ce temps notre élève le plus studieux et le plus capable dans tous ses cours.

La piété de François était celle d'un ange ; sa tenue seule, pendant les exercices religieux, excitait à la ferveur les plus indifférents ; mais cette grande piété était, chez lui, franche et sans affectation ; elle inspirait le respect aux élèves les plus légers. Il m'a appris à prier, me disait un de ses amis ; ce n'est pas là un témoignage unique rendu à sa piété.

Nos frères, qui ont été ses surveillants, diront tous qu'il ne s'est jamais mis au lit sans se passer son chapelet au cou, et qu'il ne s'endormit jamais sans l'avoir récité au moins une fois.

Jugez de quelle influence était ce bon exemple. Un de ses voisins au dortoir, aussi indifférent que François était pieux, se passait également son chapelet au cou et le récitait dévotement pour imiter son fervent condisciple.

Chrétien édifiant, élève studieux et soumis, ami sincère, enfant accompli, possédant un excellent jugement, tel fut le jeune Prudhomme.

J'aimerai toujours à me rappeler avec quelle attention il m'écoutait chaque fois que je parlais du bon Dieu ou de la sainte Vierge à laquelle, il avait une dévotion toute particulière : il était orphelin ; il l'appelait sa bonne Mère.

François comprit, bien jeune encore, que la pureté est la plus suave des vertus et le plus bel ornement du chrétien ; aussi il ne se permit jamais rien de contraire aux lois de la vertu et sut observer fidèlement leurs préceptes dans ce qui le regardait, comme dans ce qui pouvait toucher les autres, ou se rapporter à eux. Sa belle âme ne soupçonnait même pas la duplicité dans les autres, tant dissimulés fussent-ils. Il se montra tel qu'il était, et cette candeur se peignit dans ses actions, comme dans ses paroles.

Ce vertueux enfant eut toujours en horreur les élèves trop libres, et ne se lia qu'avec des jeunes gens vraiment chrétiens ; je ne puis me dispenser de citer son émule en sagesse et en capacité, Victor Blanc, de Revel, décédé dans le courant de septembre 1869.

Comme François, Victor fut un de ces naturels heureux qui sont faits pour la vertu. Tous deux, ils furent sages et instruits, parce qu'ils firent leur devise

de cette maxime de saint Augustin :
« La réflexion est le principe de tout bien. »

Mais si François était fier de la
bonne conduite de ceux dans lesquels
il plaçait sa confiance, il souffrait beaucoup de l'irrégularité de quelques autres de ses condisciples ; toutefois il
savait compatir aux faiblesses de ces
derniers, et leur rendait tous les servi-
ces possibles pour les amener à se
corriger.

Cet admirable enfant entra dans la
Congrégation de l'Immaculée Concep-
tion, dès que son âge le lui permit, et il
en fit toujours l'ornement, soit comme
simple membre, soit comme conseiller
ou président. Pendant sa dernière année de pension, un élève, moins vertueux qu'on le croyait, fut admis dans
la Congrégation. François en souffrit
beaucoup, et, voyant que ce membre
ne devenait pas meilleur, il résolut de

le faire connaître, afin de provoquer son exclusion, ce qu'il fit en effet ; car il tenait à ce que sa chère petite société ne fût jamais en contact avec les sujets vicieux.

Celui qui ne pèche pas par la langue est un homme parfait, dit saint Jacques ; François veillait particulièrement sur la sienne, et jamais on ne lui fit le moindre reproche à ce sujet ; cependant il savait parler à propos et personne ne sut mieux que lui prendre noblement le parti de ses maîtres contre les indisciplinés, et celui de ses condisciples victimes des tracassiers.

Toujours petit, humble et modeste avec ses condisciples, il ne se prévalut jamais de la supériorité de ses talents ; aussi fut-il aimé, et, ce qui est mieux, estimé de tous, et n'eut-il avec aucun d'eux la moindre altercation ; c'est qu'il avait pour ses condisciples la plus douce sympathie, la plus grande charité.

François Prudhomme était généreux sans être prodigue ; et les plus petites bonnes œuvres eurent toujours accès auprès de sa bourse ; j'ajoute que parmi le grand nombre d'élèves que j'ai eus dans les différents postes où l'obéissance m'a appelé, aucun d'eux ne s'est montré plus fidèle observateur du Règlement ; que pas un encore n'aima plus fortement ses maîtres et ne comprit mieux :

Quel besoin plus pressant nous donne la nature,
Que de communiquer les chagrins qu'on endure,
De faire partager sa joie et sa douleur,
Et dans des cœurs amis de répandre son cœur.

Les termes d'un entretien que je vais citer à l'appui du dernier vers pourront paraître un peu pharisaïques ; je dois dire que cet entretien était confidentiel ; cependant, en face du bien qui peut en résulter, je n'hésite pas à faire partager mes sentiments d'admiration. François me pardonnera cette révélation, dont sa modestie eût été sans doute alarmée.

Comme ce vertueux enfant était à bout de forces, il n'avait pu, selon son habitude, monter dans nos appartements du premier, j'allai donc le trouver au parloir :

« Bonsoir, cher frère, me dit-il, j'use du reste de bonne volonté de mes jambes pour venir vous faire mon suprême adieu, vous remercier et vous demander pardon.

— Allons, mon ami, vous ne mourrez pas encore ; je vous trouve bonne mine et passablement riant.

— Ne me bercez pas d'un vain espoir, c'est inutile, je sais ce que je sens ; le bon Dieu lui-même m'avertit de me tenir prêt ; il me veut, et moi aussi je suis bien résigné à faire ce qu'il voudra.

— Mais on voit des malades encore plus affaiblis que vous revenir à la santé.

— Non, non, je m'en vais ; d'ailleurs c'est une grâce que le bon Dieu me fait et je l'en remercie, je suis prêt. Ce serait peut-être un malheur pour moi, si je guérissais ; je puis devenir un indifférent, sinon un impie, et mourir en réprouvé.

— Mais la bonne éducation que vous avez reçue et votre conduite admirable jusqu'à présent, ne vous sont-elles pas des garanties que vous vivrez toujours en bon chrétien ?

— Désabusez-vous, mon cher frère, je connais des jeunes gens qui m'ont valu et qui aujourd'hui sont des misérables aussi avancés dans la mauvaise voie qu'ils l'étaient dans la bonne à mon âge. Oh ! merci, mon Dieu, de ce que vous m'appelez à vous avant que j'aie perdu mon innocence et que j'aie démérité de toutes les saintes âmes qui m'ont élevé et qui m'on fait du bien !

« Ecoutez-moi, je vais vous donner une preuve que le bon Dieu me veut et que je dois me tenir prêt à toute heure.

« Touché des exhortations du Père Monfort, lors du dernier jubilé, je demandai à Dieu de me faire connaître sa volonté : Guérissez-moi et j'embrasse l'état religieux, ou appelez-moi à vous et donnez-m'en un signe; telle fut en substance la façon dont je m'exprimai.

« La seconde partie de ma demande a été exaucée, car à dater de ce jour ma santé a faibli; mais il me semble que ma vertu, ma piété et ma résignation se sont considérablement accrues, et que plus je baisse plus je deviens sage.

« Connaissant ainsi la volonté de

Dieu, je me suis approché chaque semaine du Tribunal de la Pénitence et de la Table Sainte.

« J'ai encore mon petit office de Congréganiste ; je le récite si souvent, ainsi que les autres prières qu'il contient, que je les sais par cœur.

« Je dis mon Rosaire pendant le jour et dans la nuit quand je m'éveille.

« Quelquefois je suis tenté de manger en voyant mes parents à table ; mais comme je sais que toute nourriture me fait mal, pour ne pas succomber à l'envie, je monte dans ma chambre pour y faire mes petites prières, et le temps me dure si peu, qu'il m'arrive de prier pendant 2 et 3 heures sans m'en apercevoir.

« Je suis sans respect humain ; voyez, j'ai là une petite croix indulgenciée, eh bien ! toutes les fois que la pensée me vient, je la baise sans crainte. Regardez comme je fais. » Et sur ce il se la porta affectueusement aux lèvres.

« Quand vous viendrez me voir, et ce sera seulement lorsque je ne pourrai plus venir chez vous, je vous montrerai mon joli petit reliquaire, qui renferme des ossements de sept saints, ainsi que mes petites statuettes de la sainte Vierge et de saint Joseph. »

Voulant un peu le distraire de toutes ses pensées de mort prochaine, je lui demandai quelques nouvelles de la guerre et lui parlai des vendanges.

« Des nouvelles de la guerre, me dit-il, je n'en sais point! Des vendanges, je m'en occupe peu! Voilà bien longtemps que je ne suis plus de la terre; je suis au bon Dieu, je le prie et c'est tout.

« Allons, mon cher frère, que la volonté de Dieu soit faite ; s'il me prend, tant mieux, s'il me laisse, tant pis. Je suis le cinquième de vos élèves qui vais mourir, je trouverai là-haut Blanc, Valentin, Rabatel et Juveneton ; nous prierons tous pour vous qui nous avez instruits.

« Mais, que je redoute le purgatoire ! Ah ! si le bon Dieu voulait en remplacer les peines par des mois et même par des années de souffrances en cette vie, que je les endurerais avec plaisir !

« N'est-ce pas, cher frère, que c'est une bonne pensée de craindre le purgatoire, et que cela sert au moins à éviter l'enfer !

« Aidez-moi, mon cher frère, aidez-moi à mériter le ciel. Je désire que vous soyez à mes côtés, lorsque je rendrai l'âme, pour que vous puissiez, en joignant vos prières aux miennes, me rendre mon jugement favorable et m'obtenir d'aller directement en Paradis !

« Dans la prévision d'une mort prochaine, je tiens à faire réparation. Voici de l'argent pour huit messes, que vous donnerez à Monsieur l'Aumônier : six de ces messes seront dites pour la réparation de toutes les petites choses que j'ai pu prendre et les deux autres pour mes parents défunts. »

Mais qu'a-t-il donc dérobé de si important, pour qu'une telle compensation soit nécessaire à sa tranquillité ? — Quelques fruits seulement. Si je lui dis que c'est trop, il me répond incontinent en me versant la somme par moitié : « Eh bien, alors, ceci est pour le capital et cela pour les intérêts, » et, dans ce cas comme dans le premier, il donne tout.

Voyez-vous comme sa délicatesse de conscience se découvre entièrement dans cette démarche ? Il a encore des scrupules sur des riens, que Dieu et les hommes ont oubliés depuis long-temps.

« Je prends ce moyen de réparer, dit-il, parce que je ne sais à qui appartiennent les quelques fruits que j'ai pu dérober. Si j'en connaissais les propriétaires, j'irais m'humilier et leur demander pardon, et qui me le refuserait ? »

O jeunesse, quelle leçon !

« Je n'ai pas besoin, continue-t-il, de vous payer pour que vous oubliiez toutes mes petites offenses, n'est-ce pas que vous me pardonnez ? » — Moi aussi ai-je besoin de dire que je pleurai en lui prenant la main et que je prononçai un oui étouffé par l'émotion ?

Cette heure d'épanchement, je ne l'oublierai jamais, jamais ! Elle me remplit de consolation et me fit oublier

un instant les rudes épreuves de l'en-
seignement.

C'est ainsi que se passa cet entretien et presque tous les autres que j'ai
eus avec lui. Cette conversation et les
appréciations qui en précèdent et sui-
vent le récit, disent assez ce qu'était
François Prudhomme.

La vie exemplaire de ce saint jeune
homme lui a toujours mérité le premier
rang en sagesse ; il n'avait rien tant à
cœur que d'obtenir cette place, pour
faire plaisir, d'abord à ses bons parents,
puis à ses maîtres.

François fut du nombre de nos an-
ciens élèves que le respect humain n'a
pu empêcher de venir chercher quelques bons conseils, quelques salutaires
leçons, au foyer où il avait déjà puisé
celles qu'il mettait si bien en pratique.

Jeune homme, il n'a passé qu'un
an dans le monde ; mais quels n'ont

pas été pendant ce temps si court les exemples de vertu qu'il a donnés? C'est un ange, disaient ceux qui le connaissaient; jamais un tel éloge ne fut plus justement mérité.

La crainte que sa maladie devînt contagieuse lui fit consulter plusieurs médecins de renom, et il ne fut satisfait qu'après avoir reçu l'assurance que les enfants de son tuteur n'avaient rien à redouter de sa présence au milieu d'eux.

Tant que ses forces le lui permirent, il alla à la messe tous les jours, se tenant longtemps à genoux dans l'attitude d'un séraphin. C'est dans une de ces circonstances qu'un de ses concitoyens, bien digne de le juger, me disait : « J'aurais voulu qu'un peintre eût été là et qu'il l'eût pris dans cette pose d'ange. »

Toujours, aussi, il faisait de longues visites au Saint-Sacrement, et pendant sa maladie, du moins tant qu'il put marcher, il allait à l'église pour y faire un Chemin de Croix et réciter le Rosaire.

Sa vie avait toujours été celle d'un enfant vraiment chrétien ; mais à partir du moment où il en fit le sacrifice à Dieu, il fit des progrès merveilleux dans la perfection, car il avait l'Esprit-Saint pour guide.

Qu'ai-je besoin, du reste, de consulter les personnes qui l'entouraient de leurs bons soins, pour dire sa patience et sa résignation à la volonté divine, au milieu de ses longues souffrances, souffrances aggravées par une grande frayeur des peines de l'autre vie et des scrupules sur ses meilleures actions ? Je l'ai vu journellement, selon le désir qu'il m'en avait témoigné, et après chaque visite je suis rentré meilleur et plein d'admiration.

Toujours recueilli, il se faisait un crime de la moindre distraction pendant ses exercices religieux, et dans ces circonstances il était impossible de le tranquilliser.

La vie de François avait été une vie de prières : pendant sa maladie, il voulait que ses gardes priassent avec lui. « Donnez-moi de l'eau bénite et prions; » c'est ainsi qu'il commençait tous ses exercices.

La continuité de ses douleurs ne l'empêchait jamais de prier. Il aimait à couvrir son lit, à tapisser sa petite chambre d'images qu'il contemplait les unes après les autres ; ce qu'il fit encore demi-heure avant d'expirer.

J'étais surpris de lui entendre réciter tant de prières par cœur et de lui voir une si grande quantité de souvenirs. « Ce n'est là qu'une partie de mes armes, » me dit-il, en retirant de son lit un chapelet, un crucifix, un reliquaire, des livres de piété. L'état dans lequel il a laissé tous ces objets n'indique pas qu'ils aient dormi plus longtemps que lui.

Toutes ces armes, comme il les appelait, lui ont été placées sur la poitrine, à l'exception de son reliquaire et de sa petite croix indulgenciée, qu'il avait promise à son frère, soldat de l'armée de la Loire.

Jamais personne n'a mieux apprécié que ce saint jeune homme tout le mérite des indulgences. Chaque fois qu'on lui donnait une image, sa première question était de demander le nombre de jours d'indulgences attachés à la récitation de la prière.

Il est difficile de ne pas voir que, non-seulement le cœur était riche en germes de vertus, mais que plusieurs même, et les plus essentielles surtout, y avaient pris déjà de puissantes racines.

Et maintenant ce jeune homme qui promettait tant nous est ravi avant d'avoir atteint sa 17me année! Ne le pleurons pas, mais envions son sort; son bonheur est certain, sa gloire est immortelle. Jeune et tendre fleur, Dieu l'a cueillie pour son Asile divin; puisse notre vie se terminer comme la sienne!

Quoi que j'aie dit, il ne serait pas étonnant d'entendre répéter à certains jeunes gens, d'une conduite plus ou moins régulière, que, malades comme lui, ils seraient aussi sages; je l'admets, mais toutefois à la condition que leurs antécédents vaudraient les siens; pour eux, comme pour mon vertueux élève, le proverbe ne dit-il pas : telle vie, telle mort?

Hommes présomptueux, qui étouffez dans les plaisirs les pensées chrétiennes qui ont été le mobile de toutes les actions de François Prudhomme, croyez-vous faire une aussi sainte mort que lui? Illusion.

Ecoutez cette parole du Saint-Esprit comme elle vous condamne : « L'hom- « me suivra sa première voie, et dans « sa vieillesse même il ne s'en écartera « pas. » Pourquoi tant d'hommes vicieux? Parce que dans leur jeunesse ils n'ont pas corrigé leurs mauvaises habitudes, et disposé leur cœur à la vertu.

Il en est de la vie comme d'un voyage, tout dépend des premiers pas: on ne peut arriver au terme qu'en prenant le bon chemin.

L'heureux trépas de François Prudhomme a été le couronnement d'une vie de Louis-de-Gonzague; « Son âme « était agréable à Dieu : c'est pourquoi « il s'est hâté de le tirer du milieu de « l'iniquité » (*Sap.* iv, 14).

Jamais le juste n'éprouve, à sa mort,

les angoisses et les tortures qui n'accompagnent qu'une mauvaise conscience; aussi, mon vertueux élève, dont la conduite était celle d'un vrai chrétien, a-t-il fait la mort la plus douce et la plus consolante.

Après une demi-heure d'agonie, son regard s'illumine et semble fixer le ciel; sur ses lèvres s'attache un sourire tout angélique; l'auréole du prédestiné brille sur son front; c'est pendant ce moment d'extase que François rend sa belle âme à son Créateur, sous les auspices de la sainte Vierge, le 1er décembre 1870, au moment où j'achevais de lui suggérer cette invocation : « Doux cœur « de Marie, soyez mon salut. »

Ses traits portaient toutes les marques de la béatitude dont il devait jouir; car il était juste, et, « Dieu l'avait enlevé, de peur que son esprit ne fût corrompu par la malice » (*Sap*. iv, 11).

Adieu, ô admirable enfant, jusqu'au jour où nous nous retrouverons là-haut ! Vous nous avez promis de nous en obtenir la grâce ; mais ce ne sera qu'au prix d'une vie qui retracera la vôtre ! A l'exemple du général Trochu sur la tombe de l'immortel Vaincu de Castelfidardo, nous jurons de vivre et de mourir en bons chrétiens comme vous.

Sic itur ad cœlum.

F. M.-R.

Professeur au Pensionnat de la Côte Saint-André.

FIN.

Lyon, imp. J. Rossier, rue Mercière, 47.

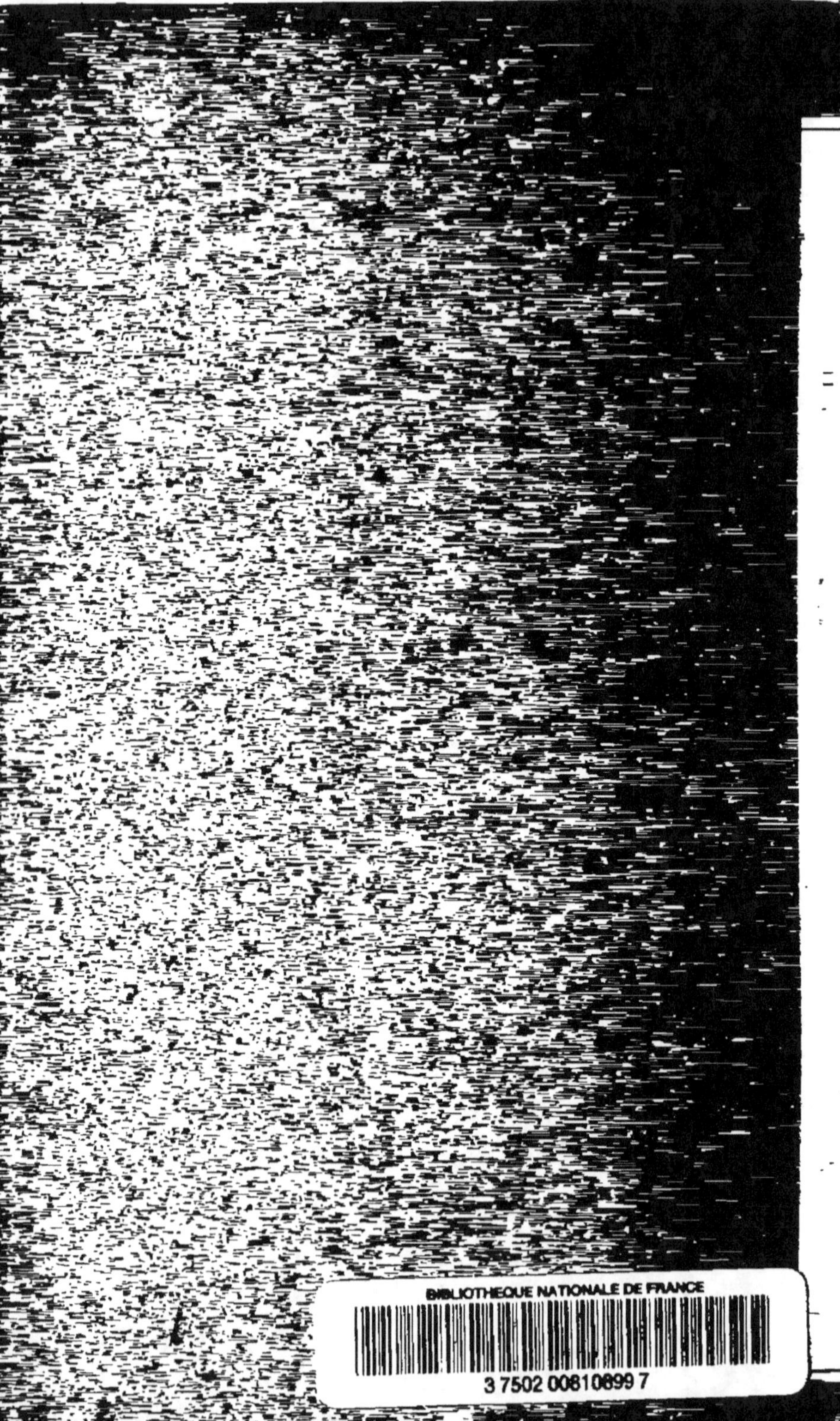

www.ingramcontent.com/pod-product-compliance
Lightning Source LLC
LaVergne TN
LVHW020441060726
842525LV00005B/1489